AF599743

NAVEGO ENTRE LUNAS

ZENE PIZARRO V.

Aliar ediciones

Corrección: Eladia Guerrero
Diseño de cubierta: Aliar Ediciones
Maquetación: Aliar Ediciones

Depósito Legal: GR 830-2025
ISBN: 979-13-87823-33-7

Impreso en España

Edita
ALIAR Ediciones
www.aliarediciones.es
info@aliarediciones.es

NAVEGO ENTRE LUNAS

ZENE PIZARRO V.

Todas las cosas encuentran
la vida en su origen y él
no la rechaza.

Lao-Tse

Dedicatoria

Yo no sé si amaneció de nuevo,
o solo soñaba.
Pronto supe que
volvería a encerrarme
en mi pasado.
Ahora me asomo a la ventana
y la paloma vuela hacia mí.
Sé que eres tú.
(A mi abuela, Tulia).

Prólogo

En un mundo donde las palabras a menudo se diluyen en el ruido, *Navego entre lunas* emerge como un faro de verdad y resistencia. Este libro no es solo una colección de poemas; es un acto político, un grito ahogado que se convierte en canto, un mapa de heridas y esperanzas trazado por una voz que se niega a ser silenciada.

La autora, activista social y feminista, teje con versos lo que muchas mujeres callan: la rabia frente a la injusticia, la fragilidad en la lucha, la belleza en la supervivencia. Sus poemas son herramientas de sanación, sí, pero también de confrontación.

Este libro es para las que escriben en los márgenes, para las que buscan refugio en la palabra, para las que, como la autora, creen que la poesía puede ser un abrazo y un puñal. *Navego entre lunas* no solo navega; ilumina.

Que estas páginas te encuentren, lectora, y te recuerden que, incluso en la noche más oscura, las lunas propias siempre guían el camino.

María Teresa Sanz Hiraldo

Soy la canción del tiempo.
Esa que se enamoró de ti, vida.
La que descubrió el abismo, en un secreto inmisericorde.
La que se sentó en aquel andén ruidoso, y nada escuchó.
La que se segó por brillo traslucido de tu inconsciencia.
Soy esa, la que caminó por el barro,
la que casi se ahogó en el fango,
la corrupta, la dispersa, la creyente.
La que no sabía nada.
Soy la que se tragó el murmullo.
La que obedeció y desobedeció.
La que venció el secreto en un grito de libertad.
Soy la incoherencia.
El espejismo de mi propio ser,
la imperfecta, la que se arrastra,
la intolerancia.
Soy la que camina en bucle.
Mi espejo roto,
mi propia aventura.
Soy la que despegó, la que se atrevió a volver.
Soy la nota variante.
Mi do de pecho.
Mi la sostenido.
La que se enamoró de ti... Vida.

Eran el abrazo y traición, dos amantes.
Van de la mano y se confiesan.
Se ocultan en el diván del miedo temiéndose a sí mismos,
arrodillándose ante el confesionario de la razón.
Los murmullos se dilatan en las miradas del asco
y fermentan el agua de las rosas nuevas.
Traición se duerme en sus fauces y se ahoga en su sed.
El abrazo se somete y naufraga en la mentira.
Mientras, un tic tac le recuerda
que el silencio no es eterno,
que el silencio grita
y que el silencio teme morir
sin haber sido escuchado.
El abrazo y la mentira, dos amantes que se temen.

Solo eso...
No es nada
Ni tiempo, ni distancia ni cantos,
ni estrellas. No es nada. Ni
música, ni promesa ni sus
labios, ni su mirada.
Solo su voz.
Solo eso. Su voz.
Su voz cuando ríe, su voz
cuando me susurra, cuando me
anima, cuando me roza. Solo
eso. Su voz.

Al contar el tiempo.
Con infinita calma, te acercaste a mí.
Leí tu alma, dibujé tu forma,
me empeñé en reír.
Volví mi mirada
Y, al contar el tiempo, me escondí del vuelo.
Después, volví a ti.
Al contar el tiempo,
me desperté de nuevo.
Aún sigo aquí.

Tus manos huelen a sal.
A la historia de aquellos libros, perdidos en el mar.

A esa estrella que encontré en la arena de esa playa,
al poema que nace con tu mirada azul.

A sal huelen tus manos
cuando las rozo,
cuando me tocan,
cuando...

A sal, amor. A sal y arena, a sal y mar.

Detengo este instante. Siento tu olor
en la suave brisa Que viene y va.
Mar y arena.
Mar y sal.

LA ESPERANZA (DUELO)

Tic, tac... Las horas caen
como el agua que llueve,
se mojan los párpados
ahogados con el sonido.
Un segundo, solo un segundo.
Un segundo que no advertí
porque llegando al minuto
ya te había perdido en los espacios.
Espacios de las líneas del reloj.
Se acerca la hora.
No la puedo marcar.
Todo se rompe.
Como un espejo sin rostro,
como un cristal con mil caras.
Mil caras invisibles,
mil pedazos.
Mil pasos me siguen,
mil rostros que ya no viven,
mil palabras que ya no rezan,
mil suspiros que ya no llegan.
Tic, tac... Las horas caen.
En mis ojos llueve.
Se acabó la magia,
se acabó la risa.
Hasta la próxima función.

¿A QUÉ HUELE LA FELICIDAD?

La felicidad huele
a lágrimas esparcidas en una tarta de cumpleaños.
Al sueño que se desmoronó
cuando el globo explotó.
La felicidad huele a tierra húmeda,
al pasado de las calles sin asfaltar,
a risas, a palabras fieras.
La felicidad huele a miedo,
al miedo de no recordar
este instante de gracia.
A saber que envejeciste
y no pudiste contar tu historia.

La felicidad huele...
A los abrazos tiernos de mi ayer.
Al recuerdo del patio donde de niña jugué.
La felicidad huele...
Al pan calentito con café
que servía cada tarde mi abuela
antes de sentarse a leer.
La felicidad huele a ese ayer.
A ese que fue mi ayer.

AUSENCIA DE TI

Siempre estuvo aquí,
distante mi mirada,
ausente, siempre ausente.
Siempre estuvo aquí.

Distante, siempre distante;
¿por qué se pierden los ojos?
¿por qué se pierden las miradas?
Aquí, en esta quietud del tiempo,
donde el aire frío no es tan frío,
pienso ahora en ti. ¿Qué ausencia de ti?
¡Qué largo amanecer!

Estoy al extremo de tus sueños,
en la cima de un amanecer de otoño,
respiro la fragancia de tu cuerpo,
me entrego a la savia de tus besos, a la
suave caricia de tus manos.
—¡Qué ausencia de ti!—.

Largo es este amanecer de otoño,
donde mi tiempo tiembla de deseo.
Mañana, mañana ya no es mañana,
mañana se hace lentamente hoy.
Y las horas se harán tan lentas hasta el atardecer.

Será al atardecer, al atardecer, atardecer.
Tus ojos, tu boca, tu esencia,
al atardecer, cómplices de nuevo.

Suspiros sin ausencia de miradas,
aceleración del tiempo, silencio y despedida.
Nuevamente, ausencia de ti.

Un día más para contar.
Para sumarme a su respiración.
Acortando distancia, sintiendo en mi piel
su soledad. Soledad que viaja
a contratiempo, rompiendo cadenas,
desacelerando el tiempo, invadiendo
espacios, retando miradas.
Un día más para contar.
Para respirar su piel.
Para viajar con su soledad.
Para parar el tiempo con una
inmensa oleada de besos interminables,
besos que rompen esas
cadenas que se alejan
del amor.
Desacelerando el tiempo
con intensas miradas furtivas
e invadiendo espacios.
Retando al aire
para contar su historia,
para viajar en su historia,
en su tiempo,
en su respiración,
en su piel.

NACER

Nacer.
Flotar.
Vivir, nada.
Nada.
Rosa cubierta de lodo.
Eco silencioso en el eterno sabor del llanto.
La razón produce monstruos.
Hoy no estamos con un pincel ni una paleta
o menos amenazados.
Las heridas del alma rompen la estructura del corazón.
Podrías arriesgarte a participar, romper el cristal.
Imaginar que el tiempo no muere.
Imaginar el olor de la existencia que sobrepasa a cada ser.
imaginar la nada.
imaginar la rosa, imaginar el lodo.
Flotar.
Juntar los trozos de espejos rotos, trozos de vida.
Juntar los trozos de sueños y matar al monstruo.
Matar al monstruo que se atrevió a nacer. Y...
Nacer.

CAMINO BAJO TUS SOMBRAS

Camino bajo tus sombras
sosteniendo el aliento
que me deja su sonrisa.
Aligero mis pasos, abrazando
la caricia que me ofrecen
esos brazos. Y no dejo
de mirar su mano,
reflejo de un tiempo
que vivió su lucha,
que vivió su vida.
La luz se extiende entre las sombras.
Momento que se anhela, que se dilata,
un momento que te alumbra, que se te escapa.
Dame tu mano llena de duda
y dame tu abrazo bajo la sombra.
Téjeme en el tiempo de tus pasos
y deja que me roce tu ausente sonrisa.

NO RESPIRES

No mires
No respires
No hables
No respondas
No te atrevas a decirme que no te gusto
No te atrevas a mirarme
No te atrevas
No respires
No res... pi... resssss
Por favor, no respires.
Te lo ordeno.
Te lo ordeno porque te quiero.

Stop, *stop*... Tic tac, tic tac, tic tac.

El reloj se ha parado.
El reloj que simula el silencio de tu libertad,
se ha parado.

Tic tac, tic tac, tic tac.

Por favor, respira, respira, mujer.
Su reloj se ha parado.
El tuyo no, mujer, el tuyo no.
Respira, mujer, respira. Sal, habla, ríe,
grita. Y no permitas que tu reloj se pare.

ELLAS, TAN SOLO ELLAS

Sara, Carmen, Ana, Mayte. ¿Alguna más?

Cada día se hace nuevo.

Con el mismo nace el estadio impropio de un despertar ausente, que se dificulta con la burla sonora del tiempo.

No hay estadio, solo un sitio simple, cómodo al rigor del tiempo que rodea al ritmo de la vida.

No hacen falta palabras, ellas solas vienen y van, y se quedan atrapadas en el aire sin descifrar.

No se descifran las palabras, se escuchan. No mueren, se agitan y se despliegan intentando cavar el oscuro sentir de la vida que no cesa.

Se incorporan las ausentes transeúntes. No es solo un lugar, ni un sitio.

Es el retorno al silencio, ese silencio que se adormece, que vive dentro de sí, es el silencio estratégico de secretos que no te han de mojar más que los labios con el sabor frío del licor, ese silencio cobijado por la música y las voces que no turban tu mente.

Me bebo todo el silencio y naufrago en él, condensando la armonía de la risa y la palabra.

Sigo esperando a que se abra la puerta, para que salga alguna de ellas y salga y me vea.

La puerta continúa cerrada y mi mente se confunde, se retrasan mis pensamientos, una voz interior me pide que me acerque. Al acercarme, me doy cuenta de que soy yo quien tiene las llaves y me corroe el alma por no haber invitado a Sara, a Ana, a Mayte, a Carmen, y a... alguna más. Las dejé fuera y yo sigo estando allí ausente.

Anduviste niño, anduviste.
Anduviste navegante por el mar.
Una estrella, una estrella sueña.
Una estrella sueñas, niño.
Y el mar, niño, el mar no te
la sabe pintar.
Píntala, niño, píntala,
que yo menos te la he de pintar.

¿Me pides, niño, que te pinte, que te pinte
unos zapatos para tus pies descalzos?
En qué aprietos me pones, niño,
en qué aprieto.

En tus ojos, niño, veo el mar,
veo el mar que atravesaste
pero no encuentro, niño,
la alegría en esos ojos.
No la hallo, niño, no la hallo.

Niño, píntame tú la aurora,
la estrella. Píntame, niño.
Píntame mis pies, píntamelos.
Píntamelos descalzos, así, niño.

Píntame, niño, en ese mar.
Píntame, niño, y enséñame
a ser navegante
y vámonos juntos a soñar.

QUÉ TRISTEZA TAN TRISTE TIENE LA TRISTEZA

En la distancia del destino pende un hilo,
una cuerda invisible.
Hoy me veo en el mundo,
el mundo que me enseñó que yo era mundo.
Y ahora me duelo por ser yo mundo.
Ahora me duelo porque el mundo soy yo.
En la distancia del destino pende un hilo.
Una cuerda invisible.
La voz parece quedarse dormida de nuevo.
La voz ha perdido la palabra.
La voz se ha quedado muda.
Se queda muda porque ya nadie quiere escuchar.
Porque ya nadie puede escuchar.

¡Qué tristeza tan triste tiene la tristeza!
Entonces me duelo y me duelo.
Por ser yo mundo.
Y me duelo porque el mundo soy yo.
Porque el hilo que sostiene la distancia del destino
puedo ser yo. Yo esa cuerda invisible.
Yo la voz dormida, la voz sin palabra.
Yo la voz muda.
¡Qué tristeza tan triste tiene la tristeza!
Hoy que nadie la puede escuchar.
Hoy que nadie la sabe escuchar.
Aunque... muchas veces el silencio.

POEMA DEDICADO A LAS TRECE ROSAS

Duermo la noche en el umbral de mis sueños,
mis sueños no se duermen,
los duerme la noche.
En el umbral de la noche
parpadean mis sueños,
respiran el asedio
de los sueños perdidos,
de las manos atadas,
de los ojos muertos,
de los mudos gritos
que queman como lanzas
envenenadas.
Una, dos, tres...
Duermo la noche
en el umbral de mis sueños.
Cuatro, cinco, seis...
Mis sueños no se duermen,
respiran.
Siete, ocho, nueve...
Los duerme la noche.
Diez, once, doce...
Respiran, luchan
y lanzan gritos al viento.
Trece...
Trece son las rosas.
Trece son las almas.

Trece.
Trece viven en la historia,
allí, en el umbral de mis sueños.

VUELO

Imagino las alturas,
lento vacío
que simula la caída,
la fresca caricia del
aire en mi cuerpo.
Desciendo,
mientras llego al punto
toco mi alma,
no preguntes cómo,
toco mi alma con los cinco sentidos,
veo el correr de la vida,
la distancia.
Saboreo parte de mi tiempo,
oigo ecos lejanos,
pequeños murmullos dilatados.
Siento el aroma de cada rincón que habito,
cada lugar que amé,
que aborrecí,
que anhelé.
Toco el tiempo y la distancia
en armonía con mi vuelo
y mi descenso.

Se marchó...
La vio reírse la tarde.
No hubo preguntas, ni excusas, ni respuestas.

La vio reírse la tarde. La tarde la vio gemir.
Se marchó...
No se ató los zapatos, no agachó la cabeza.
No cerró el equipaje.
Más allá del horizonte, cae en vertical
la luz de un sentido imaginario,
que golpea cada gota de silencio.
Absorbido por la inquieta
mirada del camino
que se aleja,
que se pierde,
que se esfuma,
que...

Aquí, en el andén del tiempo,
mi reloj se ha parado.
En la distancia,
el humo envolvente del tren
desaparece.
Se lleva todo de ti.

Mujer,
mírate allí en el cielo,
luna que no le teme
a la oscuridad,
preciosa, siempre
inmortal.

Yo recojo las letras mudas,
las que no se leen,
las que no gritan,
letras ahogadas en la
palabra,
las que recogen
el dolor del cuerpo,
del alma, de la humanidad.

Yo recojo las letras mudas,
las de la mujer del prostíbulo,
las de la madre abnegada,
las de la mujer sin nombre,
las de la que quiso ser y no fue,
las de la que no ha sido madre
y aun así lo es.

Y recojo las letras mudas
de la anciana mujer,

y las de la niña,
con temor de ser.

Yo recojo las letras mudas,
con ellas también las mías,
las que tampoco se leen.

MEMORIA

Muero en el silencio de las hojas necias.
Me acerco a la distancia de tus ojos,
desenredo líos, acunados en tus nieves.
Y duermo en los suspiros que se mecen en tus sueños.
Dudas la mañana, la lluvia, la manzana.
Dudas la tarde y el abismo, donde muere el día.
Dudas la intensa ola que se acerca y que te envuelve.
Dudas un abrazo, te alejas...
Duermes.
Duermes el despertar, el tiempo, la lluvia que te canta.
Duermes tu otoño,
el abrazo de hojas frescas,
y duermes este invierno que se acuna bajo tu manta.
Duermes la aurora
que se despierta y te florece.

TRES VERSOS

Me empeño en jugar con el tiempo.
Un tiempo esquivo
donde la luna llora
y esconde su tristeza,
es la duda quien acecha
esta armonía y rompe
la estela de esperanza
que en mi fe queda.
Solo tres caricias.
Tres besos.
Tres versos que conté.
Tres caricias de tres versos
que robé. Tres versos.
Esos tres versos
que el tiempo me dejó.
Tres versos en el tiempo
que la luna hoy mira
cuando el dolor se rompe
y no se quiere ir.
Tres versos sueñan hoy.
Tres versos a mi alrededor.

Agradecimientos

A Mariano Lafuente, Eva Chinchilla, Maite Sanz y a ti, Pili, por hacer que creyera en mí.

A mis hijos, nietas y nietos.

Y a Ana Mari, mi fiel compañera de recitales.

Gracias, familia. Gracias a todas esas lunas que me inspiran.

A mis padres, ya ausentes: Julián y Lolda.

Índice

DEDICATORIA 11
PRÓLOGO 13

SOY LA CANCIÓN DEL TIEMPO 15
ERAN EL ABRAZO Y TRAICIÓN, DOS AMANTES 16
SOLO ESO... 17
AL CONTAR EL TIEMPO 18
TUS MANOS HUELEN A SAL 19
LA ESPERANZA (DUELO) 20
¿A QUÉ HUELE LA FELICIDAD? 21
AUSENCIA DE TI 22
UN DÍA MÁS PARA CONTAR 24
NACER 25
CAMINO BAJO TUS SOMBRAS 26
NO RESPIRES 27
ELLAS, TAN SOLO ELLAS 28
ANDUVISTE NIÑO, ANDUVISTE 30
QUÉ TRISTEZA TAN TRISTE... 32
POEMA DEDICADO A LAS TRECE ROSAS 33
VUELO 35
AQUÍ, EN EL ANDÉN DEL TIEMPO 37
MUJER 38
MEMORIA 40
TRES VERSOS 41

AGRADECIMIENTOS 43

Este libro se terminó de editar en Granada
en junio de 2025 por

Aliarediciones

www.aliarediciones.es
info@aliarediciones.es